Heiko Blumentritt

BURGER

Das Skizzenbuch

BoD – Books on Demand, Norderstedt

deja-moo.com
foodblog.blumentritt.net
facebook.com/worldwideburger

Verlag, Herstellung: BoD - Books on Demand, Norderstedt

Text: Heiko Blumentritt

Bilder: Heiko Blumentritt

Layout/Design: Heiko Blumentritt

Cover-Illustration   Marcos Cabrera

© 2021 Heiko Blumentritt

1. Auflage

ISBN: 978-3-753-42002-8

Ein Raum ohne Bücher ist ein Körper ohne Seele.

Cicero

Vorwort

Einige wissen es vielleicht, die anderen sehen es jetzt. Burger entstehen bei mir im Regelfall auf dem Papier. Zumindest kommt bei mir irgendwann immer einmal der Zeitpunkt, zu dem ich die Idee auf ein Stück Papier bringe.

Normalerweise ist es einfach ein Ringblock, der dann bei der Zubereitung dabeiliegt, damit man auch bei der Zubereitung und dem Zusammenbau nichts vergisst. Oder eben beim Schreiben der Rezepte hinterher dann als Gedankenstütze. Für mich hat es sich bewährt, aber diese Skizzen waren ursprünglich nur für mich gedacht.

Während der Entstehung von Burger kam ich mit 2 Kollegen ins Gespräch und wir kamen auf diesen Punkt. Der eine wollte mehr Hintergrundinfos zu den Burgern, der andere fand die Idee mit den Skizzen extrem interessant. So entstand dann noch dieses Büchlein, das letztlich diese beiden Denkanstösse vereint.

Die Skizzen auf der einen Seite und eine kompakte Beschreibung (mal länger, mal kürzer) zu jedem der Burger.

Taucht ein in meine kreative Welt und geniesst den Blick hinter die Kulissen.

Cheesy Halloween

Eln Kürbisburger, der natürlich für viele inzwischen mit dem Halloween-Brauch einhergeht. Kürbis ist glücklicherweise (zum Beispiel bei einer Lagerung im Keller) sehr lange haltbar, so dass man diesen Burger oder natürlich auch andere Kürbisgerichte durchaus auch ganzjährig geniessen kann.

Bei diesem Burger wurden alle Teile des Kürbis verwendet, sozusagen eine Art Nose to Tail.

Hogtober

Das Wortspiel aus Hog (Schwein) und Oktober steht für einen Burger, der sicherlich auch auf dem ein oder anderen Oktoberfest, die es inzwischen ja zahlreich auf der ganzen Welt gibt, serviert werden könnte. Schweinefleisch mit Salzbretzeln und Bier für das Patty, Zwiebelringe im Bierteig, Obazda. Das kann nur lecker werden!

Pattymelt

Einer der einfachsten Burger überhaupt. Einfach aber lecker! Wenige Zutaten (und somit kommt es natürlich auf eine gute Qualität dieser Zutaten an) machen diesen Burger richtig lecker!

Die Geburtsstunde dieses Klassikers der amerikanischen Burgergeschichte ist nicht eindeutig belegt, geht aber wahrscheinlich auf die 1940er Jahre zurück.

Cheesy Halloween

Kürbiskerne!
Kürbisstiel!

— Oberteil

— geröstete Kürbiskerne

— Kürbis-Käse-Sauce

— frittierte Kürbis-chips

— Fleischpatty (Rind)

— Rucolasalat

— ~~Trüffelmayo~~
~~Feigensenf~~

— Unterteil

Kürbis: Hokkaido

Hoftober   Oktoberfest?

— Oberteil

— Hog Glaze

— frittierte Nacken-
streifen

— Zwiebelringe im
Bierteig

— Obazda

— Duroc - Patty
Spezial *

— Gurkenrelish

— Unterteil

* + Salzstangen zerbröselt, feingehackte
Zwiebel, Petersilie

eingelegt in Bier z.B. IPA

Langer kam !

Patty melt

- — Oberteil
- — Käse
- — Rindfleisch
- — Zwiebeln karamellisiert
- — Unterteil

Cuban Toast

Blueberry Chipotle Burger

Der Ausgangspunkt war die Sauce, denn die hatte ich gemacht, nachdem ich eine grössere Menge Blaubeeren bekommen hatte.

Drumherum einen Burger zu kreieren war naheliegend, Beeren und Ziegenkäse passen für meinen Geschmack hervorragend zusammen.

Popcorn Burger

Süsses oder salzigen Popcorn kennt (fast) jeder. Und auch die Tatsache, dass mit Bacon alles besser schmeckt.

Aus dem Testballon, Popcorn mit Bacon zu aromatisieren, wurde ein richtig gutes Burgertopping! Und somit war der Bogen gespannt und das Ergebnis sieht man hier. Popcorn mal anders. Und das, was man nicht als Topping braucht, kann man auch problemlos noch als Knabberbeilage servieren.

Pfefferlust

Auch hier gab es einen kleinen Baustein, der den Grundstock für den Burger legte: die Pfefferkirschen.

Heutzutage wenig bekannt, waren sie doch zu Grossmutters Zeiten noch wesentlich populärer.

Ergänzt mit der Pfeffermischung "Glorreiche Halunken" von Spicebar entstand dieser Burger.

Blueberry Chipotle

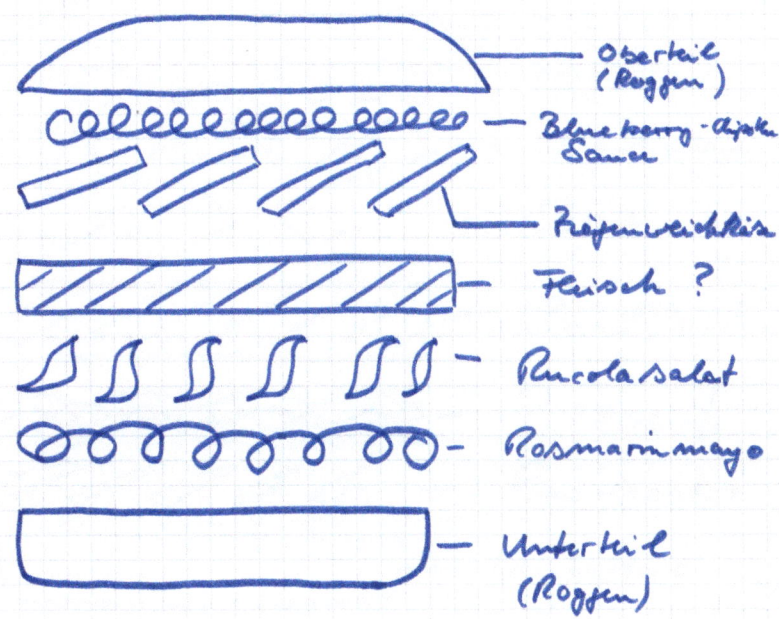

- Oberteil (Roggen)
- Blueberry-Chipotle Sauce
- Frischweichkäse
- Fleisch ?
- Rucolasalat
- Rosmarinmayo
- Unterteil (Roggen)

Popcornburger ?(Film ab!)?

— Oberteil

— Chili-Öl

— Popcorn mit Guanciale cheddar

— Patty (Rind)

— karamellisierte Zwiebeln

— Unterteil

Popcorn in kleinen Töpfchen als Beilage

Pfefferlust

- Oberteil
- Pfeffermischung
- Pfefferkirschen
- Brie
- Rindfleisch
- Pilzsenf
- Rucolasalat
- Unterteil

Feuerplattenburger

Zugegeben: der Name ist nicht sehr originell, aber die Feuerplatte bietet so viele Möglichkeiten und jede Menge Platz, um alles zeitgleich zu braten.

So entstand eben auch dieser Burger. Ein buntes Potpourri, gebraten auf der Feuerplatte.

Sunny Side Up

Bei diesem Frühstücksburger, den man natürlich auch zu jeder anderen Tageszeit essen kann, ist der Name Programm.

Pilze, Zwiebeln, Ei? Für mich passt das perfekt.

Thanksgiving Burger

Auch hier spricht der Name für sich und verrät, worum es geht.

Der Burger vereint alles, was traditionell beim amerikanischen Erntedankfest zum Truthahn mit auf den Tisch kommt.

Tennisplattenburger

- Oberteil
- Chiliöl mit feingehackten Chilis
- Mischung aus
  - Weisskohl,
  - Paprika,
  - ~~Pfefferminze~~ Dill
  - S&P
- Käse
- Rindfleisch
- Unterteil
- Burgersauce

Patty nach dem Formen mit Dill umwickeln & ziehen lassen.

Sunny Side Up Burger

- Oberteil
- Spiegelei
- Käse
- Pilz - Zwiebel - Speck
- Patty
- Rosmarin mayo
- Rucola
- Unterteil

Bun : ~~Urban Bun~~

Roggenbun

Patty mit Onion Bomb

Thanksgiving

— Oberteil
— Frühlingszwiebel
— Cranberrysauce
— Cheddar
— Patty: Truthahn mit Cranberrys und rotem Langpfeffer
— Gurkenrelish
— Liebstöckel-Mayo
— Unterteil

Schwarzes Bun : guter Kontrast mit Cranberrysauce und Mayo!

Rustikaler Herbstburger

Die Idee zu dem Burger war, dass er einfach ein bisschen rustikaler sein sollte, passend zur Jahreszeit.

Daher auch das Bauernbrot an Stelle des klassischen Buns. Der Rest fügte sich dann einfach in die Geschmacksstruktur ein.

Nüsse, Pistazien, Kürbis. Das passt!

Himmel und Erde

Eine Kombination aus Blutwurst und Apfel, mit der sicher einige nichts anfangen können. Andere lieben sie, gibt es doch auch Regionen, in denen dieser Klassiker tief in der Esskultur verwurzelt ist.

Das ist meine Adaption auf einen Burger, schaut selbst, ob sie gelungen ist oder eben nicht.

Der Feinschmecker

Was soll man hier sagen, ausser: gute Zutaten ergeben einen guten Burger!

Trüffel und Foie Gras. Mag auch nicht jeder, ich persönliche finde es eine tolle Kombination. Dieser Burger entstand nach einem Ausflug ins Elsass, bei ich genau die genannte Foie Gras eingekauft habe.

Rustikaler Herbstburger

— Oberteil

— fein gehackte Pistazien

— Brie käse *

— Kürbisscheiben

— Rindfleischpatty

— Walnusspesto

— Unterteil

Bauernbrot

* Brie im Grill vorwärmen, so dass innen flüssig, darüber ausdrücken und auf Brot laufen lassen.

Himmel und Erde

— Oberteil

— Zwiebel-Apfel Topping

— angebratene Blutwurstscheibe

— Cheddar? alter Gouda?

— Patty: Rind? Schwein?

— Salbeimayo

— Unterteil

Foie Gras Burger

— Oberteil

— Trüffel

— Rosé-Wein-Schaum-Sauce

— Wagyu-Patty gefüllt mit Foie Gras Paste

— Rucola

— Zwiebel-Bacon-Jam

— Unterteil

Rosé-Weinschaum-Sauce:
  Eigelb, Rosé, Stärke, S+P

Luxus Burger

Der Feinschmecker

Die rote Zora

Im wahrsten Sinne des Wortes ein bunter Mix: grüne Avocadocreme, gelber Käse (angelehnt an die Brûlée-Käsemischung von Ted Reader aus einem seiner zahlreichen Bücher), da lag das rote Bun einfach auf der Hand.

Der Name entstand in Erinnerung an eine Kinderserie aus meinen frühen Tagen, vielleicht erinnert sich ja noch jemand daran.

DEAD OR ALIVE COFFEE Signature Burger, Version 1

Den Macher hinter DEAD OR ALIVE COFFEE kenne ich seit den Anfängen der Marke und Mike fragte mich mal, ob es nicht möglich wäre, einen Signature Burger zu kreieren.

Klar geht das, hier ist das Ergebnis, bei dem der DOAC in verschiedensten Variationen integriert ist!

Gans im Glück

Die Alternative für Burgerliebhaber am Martinstag zur traditiionellen Gans, dabei muss man auch auf keine der klassischen Komponenten des eigentlich Menus verzichten: Gänsefleisch, Rotkohl, Maroni, Knödel.

Sozusagen die Martinsgans im Bun. Ein Cuban Bun, das mit Gänseschmalz gebacken wurde. Gans im Glück eben.

Die rote Pora

— Oberteil

— Brûlée-Käse
  Topping

— Patty: Lamm
  mit Frühlingszwiebel
  + Halloumi Dust

— ~~Zwiebel-Beer~~
  ~~Jam~~
  Portwein-Perlhod

— Avocadocreme

— Unterteil

Bun : Urban Bun rot
→ guter Kontrast mit Avocadocreme!

Brûlée-Käse: vgl. mit Ted (Every
Day Gourmet Burger) plus
frischer Thymian
→ rezenter Schweizer Käse
(Käserei Grub)

25

DOAC, Original (V1)
(Signature Burger)

- Oberteil
- Parmesan gehobelt
- DOAC - Balsamico- Jus
- Pilze - Trüffel - Guanciale
- Blackened Patty mit Coffee Dust
- Salat → Rucola!
- Mangosauce
- Unterteil

Coffee Dust neu mit DOAC Original

26

Martinsgans   (Gans links)
Gans in Glück

— Oberteil

— Maroni Chutney

— Patty: Gänseklein

— roter Coleslaw

— Foie Gras Pakete

— Unterteil

Maroni – Chutney: Maroni, Apfelsaft, Apfel Chili, Honig

roter Coleslaw: nur Essig, Öl, S+P
→ einfach + knackig

Urban Buns mit Gänseschmalz

Patty: Brust + Schenkel

Käse zum Quadrat

Ein wirklich geniales, weil einfaches, Rezept von Ted, der normalerweise dafür bekannt ist, dass die Zutatenliste in schwindelerregende Längen gehen kann. Hier nicht. Kurz und knackig, aber sehr lecker! Und sättigend.

Denn was ist besser als Käse? Genau, noch mehr Käse! Viel mehr Käse!- Davon gibt es hier wirklich reichlich!

Birne Aubrac

Lasst Euch vom Fleisch nicht irritieren. Sicher war es mit dem abgehangenen Aubrac-Ochsen sehr fein, aber der Burger funktioniert auch mit "normalem" Rind.

Wer die Kombination aus Frucht und Fleisch mag, der wird diesen Burger wirklich lieben! Für das Birnenchutney hatte ich übrigens Trübler-Birnen. Geschmacklich sehr intensiv und offenbar eine inzwischen sehr seltene Sorte.

St. Patrick's Day

Für den irischen Nationalfeiertag färbt sich mittlerweile vieles auf der Welt grün. Die Rheinfälle in der Schweiz, das Opernhaus in Sidney. Und meine Burgerbuns auch.

Um den Bogen dann auch noch vollständig zu schlagen, kam noch ein irisches Stout bei den Zwiebeln zum Einsatz. Ein sehr leckerer und gehaltvoller Burger! Burger und Bier passen immer zusammen!

Käse zum Quadrat

- Toast-scheibe
- Käsecreme
- Speckwürfel
- Käsecreme
- Toastscheibe
- Rindfleisch
- BBQ-Sauce
- Toastscheibe
- Käsecreme
- Baconwürfel
- Käse creme
- Toastscheibe

Napoleon's Everyday Gourmet Burger

⇒ Ludicrous

Birne Aubrac

— Oberteil

— Frühlings-
Zwiebelringe

— Birnenchutney

— Ketchup
Glühwein!
Käse (Cheddar)

— Patty: Aubrac-
ochse

— Mayonnaise
Kewpie

— Unterteil

Urban Burn

St. Patrick's Day

- Oberteil
- Tomatensugo mit irischem Whisky
- irischer Cheddar
- Galloway - Patty
- karamellisierte Zwiebeln mit Guinness
- Rucola
- Unterteil

Bun: grün!

↳ Name?

Farbkleckse: Radieschen

Röstiburger

Rösti sind in der Schweiz nicht wegzudenken und für viele etwas "typisches". Zusammen mit dem Fleisch und dem Ei (ja, vielen mögen es nicht, aber man findet die Kombination sehr oft), macht dieser Burger richtig satt!

Leckere Schweinerei

Schwein und Apfel passt super zusammen, bei der Blutwurst war das auch so! Amarettini passen ebenfalls hervorragend dazu. Zusammen ergibt sich ein wahres Aromenfeuerwerk!

Skeptisch? Probiert es aus, ich denke, die meisten wird es überzeugen!

Gourmetgipfel

Eine Hommage an das, aus meiner persönlichen Sicht, wirklich absolut geniale Gericht von Eckhard Witzigmann, nämlich Kalbsbries Rumohr.

Bei diesem Burger habe ich mich an dieser Kreation aus den späten 70ern orientiert und das Ganze dann in abgewandelter Form in ein Bun übertragen. Für mich ein absoluter Kracher, der unter meinen Top-Favoriten des Buches rangiert.

Röstiburger

— Oberteil
— Spiegelei
— Rindfleischpatty
— Rösti
— Rindfleischpatty
— Salat
— BBQ-Sauce
— Unterteil

Urban Bun oder
Kartoffelbun

33

Lecker Schweinerei

— Oberteil

— Apfel-Zwiebel-Amarettini

— Käse

— Patty (Rind)

— BBQ-Sauce

— Unterteil

~~Rumohr Wittigmann Burger~~

Gourmetgipfel !

— Oberteil

— Champagnersauce

— Kalbsbries
mit Foie Gras,
Trüffel, Lauch, Sahne *gepürt*

— Patty: Rind
⇒ Dry Aged !!

— Salat: Rucola!

— ~~Champagnersauce~~
~~Sahne, Schalotten-Creme~~

— Unterteil

Salat (Lollo Rosso/
Bianco)

Buns mit Sonnenblumenkernen ?
Kartoffelbun

Frickled to the Bone Burger

Liebt ihr die Sendung "Bob's Burgers" genauso wie ich? Dann kennt ihr sicher auch die Burger, die im Hintergrund immer an der Tafel im Laden angeschrieben sind.

Das ist einer davon aus dem Kochbuch zur Sendung. Die Schlüssel-komponente sind hier die Frickles, also frittierte, eingelegte Gurken! Unbedingt austesten, die sind echt genial!

Spargeltarzan

Es hat lange gedauert, bis ich auf den Geschmack von Spargel gekom-men bin. Angeröstet auf der Gussplatte, mit einer guten Menge Butter, schmeckt er mir deutlich besser als gekocht.

Ich durfte feststellen, dass diese Zubereitung auch Leute überzeugt, die normalerweise Spargel auch nicht unbedingt mögen. Dazu ein guter Guanciale (in meinem Fall aus eigener Herstellung) und eine selbstge-machte Hollandaise. Lecker!

Der Exot

Wieder ein spezielles Fleisch, hier: Zwergzebu. Zwergzebu hat geschmacklich einen Hauch von Wild. Früchte passen hervorragend zu Wild, deshalb lag hier nahe zu einem fruchtigen Chutney zu greifen.

Die leichte Säure und die die dezent dosierte Schärfe ergeben ein tolles Geschmacksprofil!

Frickled to the 'Bone

— Oberteil

— Burgersauce

— Frickles

— Cheddar

— Rindfleisch

— Salat

— Burgersauce

— Unterteil

Cuban Burn

Spargelsaison

Spargel Guanciale Burger

— Oberteil

— Parmesan (fein oder gehobelt?)

— Guanciale angebraten

— Spargel angebraten

— Rindfleischpatty

— Limetten mayo

— Salat

— Unterteil

Bun mit Kräutern?

Zwiebiben Asia   Der Egoyt!

- Oberteil
- Mango-
  Chili-Chutney
- Zwiebel
  Patty
- Sesam-
  Mayonnaise
- Unterteil

Currybun!

Der Südtiroler

Was ist typisch für Südtirol? Für mich der W.E.S.T., ein inzwischen etablierter BBQ-Wettbewerb in Rein in Taufers. Und wenn man in der Gegend ist, sollte man auf jeden Fall zu Blutnudeln greifen. Und zu einem schönen Graukäse.

Genau das ist das Topping bei diesem Burger! Auch wenn es ungewöhnlich klingen mag, werden sicher einige Leser genau jetzt mit der Zunge schnalzen, denn es schmeckt wirklich klasse!

Weihnachtsschmaus

Nach Weihnachten ist gleichzeitig auch wieder vor Weihnachten! Und dieser Burger schmeckt immer, zumindest in der kühlen Jahreszeit, wenn man noch (oder schon) Spekulatius bekommt.

Wer den weihnachtlichen Touch nicht so mag, der kann auch sicher auf andere Kekse ausweichen.

DEAD OR ALIVE COFFEE Signature Burger, Version 2

Auf einem Bein steht man schlecht, daher wurde der ursprüngliche DOAC Signature Burger weiterentwickelt. Das Patty wurde auf einem Bett aus Kaffee und Lavendel dezent aromatisiert und indirekt gegart, bevor es dann auf der richtig heissen Gussplatte kross angebraten wurde.

Pilze und Parmesan mit dem Espresso-Balsamico-Jus sind geblieben. Never change a winning team!

Der Südtiroler

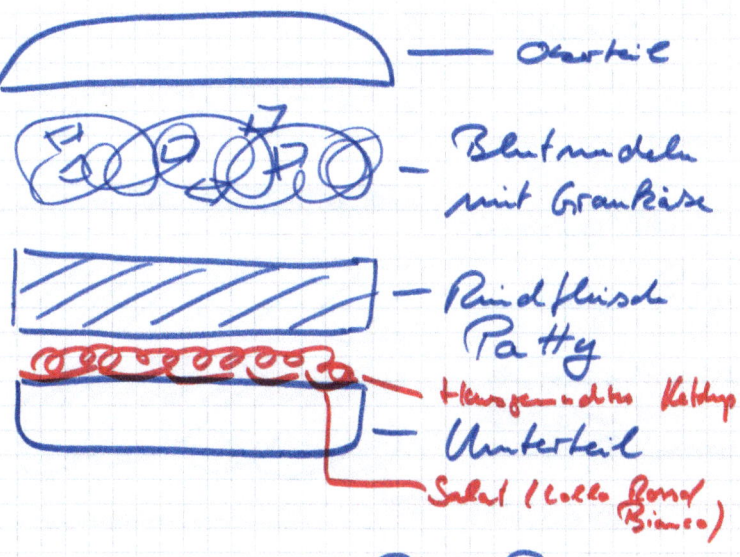

— Oberteil

— Blutnudeln mit Graukäse

— Rindfleisch Patty

— Hausgemachter Ketchup

— Unterteil

— Salat (Lollo Rosso Bianco)

evtl. spezielle Buns?

Weihnachtsschmenu

— Oberteil

— Spekulatius-Streusel

— Pfefferkirsch mit Glühwein

— Zwergzebu Patty

— Kirsch-Ketchup

— Unterteil

Bun: (Curry bun)?

~~gelbes Cuban Bun?~~

Cuban Bun mit Curry + schwarzer Sesam

DOAC Signature Burger II

— Oberteil

— Parmesanspäne

— Pilz – Zwiebel-
Guanciale –Topping
+ DOAC – Jus

— * Rindfleisch
* mit Coffee Dust
evtl. auch Lamm!

— Rucola salat

— Mango sauce

— Unterteil

Kartoffeltomm

* Patty in Zigarrenkiste mit Kaffeebohnen
und Lavendel (alternativ Rosmarin)

An Oa McGalloway

LVMH hat mir eine Flasche An Oa für die Verwendung in verschiedenen Rezepten zur Verfügung gestellt. Dieser Burger ist eine der Kreationen, die damit entstanden ist.

Die Kombination aus Black Pudding und Ziegenkäse passt hervorragend, davon ich mich schon bei einem Aufenthalt auf Islay vor mehreren Jahren überzeugen. Fambiert mit An Oa bleibt, zusammen mit dem leckeren Gallowayfleisch, kein Wunsch offen! Ausser der Wunsch auf einen zweiten Burger.

Der Fette Burger

Die Fette Kuh in Köln ist weit über die Stadtgrenzen hinaus bekannt, der Kult-Burgerladen, in dem seit 2011 Burger serviert werden.

Vor ein paar Jahren kam dann auch das Fette Buch auf den Markt, dieser Burger ist meine Version eines Rezeptes daraus. Probiert ihn aus oder geht einfach mal vor Ort vorbei, ihr werdet es definitiv nicht bereuen.

Mediterraneum

Lamm weckt für mich persönlich mediterrane Assoziationen. Das kräftige Fleisch (für mich darf es ruhig etwas intensiver schmecken) kombiniert sich wunderbar mit Tzatziki, dem frischen Joghurt und der knackigen Gurke.

Die Pistazien runden den Geschmack zusammen mit dem Guanciale hervorragend ab.

Am Oa 11c Galloway

— Oberteil

— Tomate

— Ziegenfrisch-
käse

— Black Pudding
Bröckel

— Galloway-
Fleisch

— Feldsalat

— Feigensenf

— Unterteil

Ablöschen mit Am Oa,
evtl. Patty flambieren!

Do Fette Burg

- Oberteil
- Pfefferkirsch mit Scotch
- Cheddar Briescheiben
- Rindfleisch
- Mayonnaise
- Salat
- Unterteil

~~Mediterran / Orient?~~

Mediterranean

— Oberteil

— Chiliöl

— gehackte Pistazien

— Guanciale

— Tzatziki Sauce *knusprig anbraten!*

— Patty : Rind Lamm

— Salat : Lollo Rosso? Rucola?

— Unterteil

Quadruple Onion Dollie Burger

Der erste Burger der Dollie-Trilogie. Ich liebe Zwiebeln auf einem Burger, so lange sie nicht roh sind. Deshalb habe ich hier die Zwiebeln in gleich 4 Varianten eingebaut.

Der Onion Bomb Rub ist im Fleisch, karamellisierte Zwiebeln befinden sich unter dem Patty, Bacon-Zwiebel-Ringe sind obenauf und dann wird alles noch abgerundet durch die geniale Sauce von Jeffrey. Muss ich noch mehr dazu sagen?

Dollie Mahal

Pepper-Curry-Sauce, das schreit nach einem exotischen Touch. Das klingt für mich gut in der Kombination mit Ananas.

Da ich süss und herzhaft in der Kombination nicht so sehr mag, war es hier naheliegend, wieder zu einem würzigen Chutney zu greifen.

So entstand dann diese Kreation. Angesichts des Namen des Burgers scheidet Rind aus, daher mit Schwein. Poulet passt für mein Dafürhalten auch sehr gut.

Dollie Frita

Die Bezeichnung Dollita war mir am Ende zu schlüpfrig, aber letztendlich kommt es ja auch den Burger an. Die Dolliesauce Original ist für mich DIE Sauce, wenn es um Fritten geht. Ganz gleich in welcher Form.
In diesem Fall für Frita.

In Miami bekäme ich in der Calle Ocho dafür sicher Schwierigkeiten, aber die Kombination ist schon geil!

Quadruple Onion Dollie Burger

— Oberteil

— Dollie Sauce
  Sweet Onion Bacon

— Zwiebelringe
  mit Bacon

— Patty mit
  karamellisierten
  Zwiebeln
  + Onion Bombs

— Bacon - Zwiebel.
  Jam

— Unterteil

Patty : Rindfleisch mit
        Onion Bombs

Dollie - Sauce - Reihe

1 / 3

Dollie Mahal

— Oberteil

— Ananas - Chutney

— Patty

— Dollie Sauce
Pepper Curry

— Unterteil

Patty : Poulet ? Schwein ?

Bun : Ladi Pav ?

Dollie - Sauce - Reihe

213

Dollli Frita? Dollita?

— Oberteil

— Dollli Sauce Original

— Frita (Julienne Kartoffeln)

— Käse

— fein gehackte Zwiebel

— Frita Mojo Sauce

— Rindfleischpatty

— Salat

— Frita Mojo Sauce

— Unterteil

Cuban Bun!!

Dollli-Sauce-Reihe

3/3

Schwarz und Edel

Ja, ein weiterer Gourmetburger, aber manchmal muss das einfach sein! Viel kann man hierzu nicht sagen, die Kombination aus hochwertigem Fleisch (in diesem Fall vom Kalb), Käse, Ei und Trüffel, die in der realsierten Version dann auch nochmal anders war als im gezeigten Entwurf, spricht für sich!

Nicht zu vergessen: Probiert die Majoranmayonnaise aus. Oder noch besser: macht eine Safranmayonnaise, so wie es bei mir am Ende war. Aber spart nicht an den Zutaten, nehmt guten Safran.

French Toast Burger

Die perfekte Resteverwertung, mehr kann und will ich dazu nicht sagen.

Ob als Frühstück, Mittag- oder Abendessen, dieser French Toast Burger schmeckt definitiv immer!

Smashed Onion Burger

Mein Lieblings- und inzwischen auch persönlicher Signature Burger. Reduzierte Zutaten - Fleisch, Käse, Zwiebeln, Essiggurken, Bun und keine Sauce - dafür maximaler Geschmack!

Ein gutes Bun und gutes Fleisch sind bei diesem Burger essentiell, noch mehr als sonst. Inspiriert wurde ich hierzu vor ein paar Jahren durch George Motz

~~Kalbsburger~~

Schwarz & Edel

- Oberteil
- Trüffel ~~Friktagsur.~~
- ~~Cranberry~~ Spinat (Wein)
- ~~Camembert~~ Cheddar
- Patty: Kalb
- ~~(unleserlich)~~
- Salat
- ~~Pajoram mayo~~ Safran
- Unterteil

schwarzes Bun mit Sesam

French Toast Burg'

— Oberteil
— Mayonnaise
— Frühlingszwiebel
— Patty : Rind
— Mayonnaise
— Unterteil

Topfscheiben einweichen
→ Ei, Salz, Pfeffer /
Chiliflocken

Smashed Onion Burger

— Oberteil
— Käse
— Patty: Rind SMASHED!
— Zwiebeln (ins Fleisch gedrückt)
— Unterteil

Kartoffelbun

Virtuelle Burgerreise 2020

START

Poached Burger

Pochiert? Gekocht? Enrnsthaft? Defintiiv ja! Sicher nichts für jeden Tag, aber auch mal eine interessante Abwechslung.

Bei Pete's Hamburger Stand in Prairie du Chin, Wisconsin gibt es diesen Burger schon seit Ewigkeiten, so schlecht kann er dann wohl nicht sein.

Double Cheezborger

Diesen Burger gibt es als einfachen, doppelten und dreifachen Cheese-burger in Chicago's Kultburgerladen Billy Goat's Tavern.

Das Feedback dazu ist sehr unterschiedlich, aber die spezielle Atmo-sphäre vor Ort macht sicher einen wesentlichen Teil des Erlebnisses aus. Zumindest dann, wenn man sich darauf einlässt.

Steamed Cheeseburg

Gedämpft? Hatten wir das nicht erst? Halt, nein, der war ja gekocht.

Auch hier eine ungewöhnliche, aber auch wiederum spezielle Nummer, die man nur in einer ganz kleinen Region bekommt. Nehmt ruhig ordent-lich Käse für diesen Burger, das wird echt lecker! Ted's Restaurant in Meridan, Connecticut ist auf jeden Fall sehr erfolgreich damit!

Poached Burger

- Oberteil
- gedämpfte Zwiebeln
- Rindfleisch smashed im Wasser
- Senf
- Unterteil

Kartoffelbau

Virtuelle Burgerreise 2020

57

Double Cheezborgr

— Oberteil

— feingehackte Zwiebeln

— Smashed Patty Rind

— Käse

— Smashed Patty Rind

— Unterteil

Virtuelle Burgereise 2020

Steamed Cheeseburg

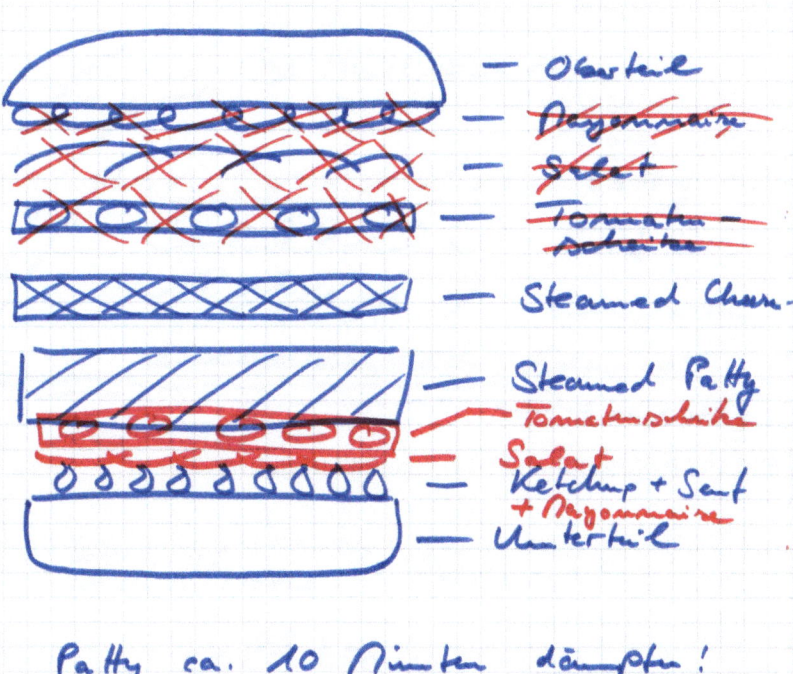

— Oberteil
— ~~Mayonnaise~~
— ~~Salat~~
— ~~Tomaten-~~
  ~~scheibe~~
— Steamed Chees.
— Steamed Patty
— Tomatenscheibe
— Salat
— Ketchup + Senf
  + Mayonnaise
— Unterteil

Patty ca. 10 Minuten dämpfen!

Kartoffelbun? ~~Cuban Bun?~~

Virtuelle Burgerpreise 2020

Langos Burger

Ein frittierter Burger? Wie geil ist das denn! Sehr geil, kann ich Euch sagen! Patty, Käse, Essiggurken. Eingeschlagen in einen Langosteig und dann frittiert. Auch den müsst ihr wirklich unbedingt ausprobieren, ihr werdet es ganz sicher nicht bereuen!

Diese und andere Leckereien gibt es bei Korzo's in Brooklyn, New York. Zum Beispiel auch den Otto, Bilder dazu findet ihr auf Instagram.

Carolina Slaw Burger

Rindfleisch auf Rindfleisch, das kann nur gut werden.

Hackfleischchili, darauf knackiger Coleslaw und darauf wiederum ein gebratenes Patty mit ordentlich Käse. Macht pappsatt und schmeckt hervorragend!

Ihr wollt das Original? Dann schaut in Monroe, North Carolina bei Duke's Grill vorbei oder baut Euch zu Hause mein Rezept nach.

Latin Macho Burger

Normalerweise kommt man, wenn es um Maimi geht, um einen Frita nicht herum, den gibt es ja aber schon im Buch. Zum Glück. Daher gibt es hier jetzt eine leckere Alternative. Die Zutaten im Patty sind für Puristen sicher einen Aufschrei wert, aber das Geschmackserlebnis spricht für sich.

Probiert ihn aus, den Latin Macho, den ein Foodtruck in Miami an verschiedenen Standorten serviert, dann fällt Eurer Urteil.

Langos Burger

SCHLIESSEN!

- flame-grilled Patty
- Senf
- Essiggurken
- Edamer
- Langosteig

Frittieren bis
goldbraun!

Virtuelle Burgerreise 2020

Carolina Slaw Burger

- Oberteil
- Coleslaw
- Hackfleisch-chili
- Patty : Rind
- Unterteil

Kartoffelkern

Nachhaken bei George : Käse?
(Ja?) Nein?

Virtuelle Burgerreise 2020

Latin Nacho

- Oberteile (Artisan Bun)
- Red Pepper Mayonnaise
- Jalapeno & Onion Relish
- Käse (Cheddar)
- Patty (Rind + Panko + Chorizo) + Zwiebel
- Red Pepper Mayonnaise
- Unterteil

Virtuelle Burgerreise 2020

Mushroom Burger

Viel kann man bei diesem Burger nicht sagen. Zwiebeln und Pilze passen optimal zusammen, so ist es auch bei diesem Burger.

Eine wichtige Komponente fehlt aber sicher, nämlich das Ambiente der Bourbon Street, das pulsierende Leben, das New Orleans ausmacht. Der Burger ist trotzdem gut, geniesst ihn.

The Squealer

Auch hier gilt wieder: mit Speck schmeckt (fast) alles besser. Für einen Burger trifft das im Regelfall zu, so wie hier.

Bei Tootsie's Hamburgers & More sieht man das genauso und packt angebratenen Speck mit in die Patties. Dünne Zwiebelstreifen habe ich, ähnlich wie beim Smashed Onion Burger, direkt mit eingearbeitet.

Green Chile Cheeseburger

So einfach wie lecker. Rindfleisch, Käse und jede Menge Chilis! Serviert in einem luftigen Bun. Das muss gut schmecken und ist sozusagen auch der Signature Burger der Herkunftsregion New Mexico.

Steuert die Schärfe durch die Auswahl der Chilis und geniesst dieses Teil!

Mushroom Burger

— Oberteil

— Pilz-Zwiebel-Topping

— Käse

— Patty : Rind

— Unterteil

Kartoffelkern

Virtuelle Burgerreise 2020

The Squealer

— Oberteil

— Käse

— Rindfleisch
  mit angebratenen
  Baconstücken

— Tomate (Option)

— Salat (Option)

— Unterteil

Kartoffelbun

Virtuelle Burgpreise 2020

Green Chili Cheeseburger

— Oberteil

— Zwiebel-
Jalapeño

— Käse

— Patty: Rind

— Unterteil

Kartoffelturm

Virtuelle Burgerreise 2020